저 강물의
시작과 끝은
어디인가

추천사 (강릉원주대학교 국어국문학과 김윤정교수님)

　김천겸 시인이 세상에 내민 시의 첫인상이 청신(淸新)하다. 아직 굳지 않은 새살같은 마음에 시의 문장들이 수줍은 듯 태어나고 있다. "오늘 고백하기 위해 글을 쓴"다는 시인의 말처럼 그의 시집에는 더 완성된 삶으로 나아가고자 하는 다짐들이 있고, 사랑하는 이를 향한 순수한 그리움과 기다림의 언어들이 있다. 그를 둘러싼 주변의 "죽어가는 불씨를 보며" 시인은 긍정의 시어를 불어넣어 더 생기있고 따뜻한 삶의 공기를 이루어내고자 한다. 투명하리만치 진솔한 그의 언어가 우리의 무딘 일상의 감각들과 지나쳐버린 감성을 훈훈하게 되살려내고 있다. 그가 창조한 시적 언어의 파동이 "강물"처럼 흘러가 그가 사랑하는 이들에게 닿을 수 있기를, 또한 그의 시가 그의 바람대로 "무한에서 발산하"고 "정점에서 수렴하"여 더 높은 꿈으로 나아갈 수 있기를 기대해본다.

목차
추천사
여는 말: 혼자라고 빠르진 않다

1. '나'의 존재란
공작/너를 그렇게/바다/반쪽짜리 나, 반쪽짜리 너
/세상의 바꾼 하찮은 죽음에게/꿈/사랑해/담배
/내 속마음 저 멀리/고백

2. 기나긴 방황이 시작인가, 끝인가
나 버리고 간 친구에게/그대를 한순간도 잊지 못한
/적지 못해 떠다니는 문장/어린아이처럼/자학
/좋아하는 사람에게는/죽어가는 불씨를 보며
/우리 아니면/공장

3. 결국, 마음과 의지
범인/나의 존재/빗소리/그래서 웃는다/편지 한 장/"옆을 보라"라는 답변 앞에서/역지사지/동지/길이 어디에 있나요/원하는 것은/글쟁이

4. 산문
오늘은 며칠일까

닫는 말: 하필 글쟁이라서

여는 말

　참 오랫동안 관심만 가지다가 글을 쓰기 시작한 지는 얼마 안 된 것 같습니다. 2014년 국어 선생님의 수업이 좋아서 그렇게도 읽기 싫어했던 책을 읽기 시작했습니다. 맞춤법도 문장 이해도 하지 못하는 질풍노도의 시기에 한 중학생이, 자신이 언어장애를 가지고 있는 것을 부정하면서까지 펜을 잡기 시작했습니다. 단어는 둥둥 떠다니는 느낌과 조금이라도 순서가 바뀌면 이해하지 못하는 문장들. 하나하나 친구가 되려고 매일매일 노력했죠. 그렇게 7년 정도가 지난겨울, 부족할지라도 멋있는 청년이 된 것 같습니다. 살다 보니 모두에게 무시당하고 응원해 주는 사람 한 명 없이 주먹구구식 도전하던 작은 존재는 이제 '시인'이라고 직업란에 당당하게 적을 수 있게 되었습니다.

　전주 해성중학교 강용선 선생님의 수업이 시작이었습니다. 선생님의 첫 수업은 아직도 잊을 수 없습니다. 송상욱 선생님, 감사합니다. 지금도 술만 마시면 "미안해, 고마워, 사랑해."를 입에 달고 있습니다. 그때는 몰랐는데, 지금은 조금 이해가 됩니다. 김진우 선생님, 지금도 '스키마'가 무엇인지 모르겠습니다. 아직도 선생님의 가르침이 필요한 것 같습니다. 심범택 선생님, 선생님의 은혜를 기억합니다. 정말 해성중학교의 선생님들께서 저를 사람으로 만들어 주셨습니다.

　전주 해성고등학교 안광진 선생님, 조만간 연락드리겠습니다. 고등학교 자퇴하고 싶었는데, 1학년 담임선생님께서 마지막까지 책임져 주셔서 감사합니다. 안평용 선생님, 오타 있어도 좋게 봐주세요. 제가 아직 부족합니다. 더 열심히 공부하겠습니다. 김봉재 선생님, 감사합니다. 김동석 선생님, 곧 학교 한 번 가겠습니다. 고3을 선생님과 함께할 수 있어 영광이었습니다. 권순범 선생님, 이제 시집 가지고 찾아뵙겠습니다. 설지형 선생님, 그때 만년필로 이 시집의 시를 전부 만들 수 있었습니다. 지금의 한 학생을 이곳에 올 수 있게 해주셨습니다. 그 외 모든 은사님께 감사를 드립니다.

　박영주 교수님, 곧 찾아뵙겠습니다. 아직도 제가 많이 어린 것 같습니다. 여러 일이 있었다는 것은 핑계인 것 같습니다. 감사합니다.

　김윤정 교수님, 귀한 시간 내어 주셔서 써주신 추천사 감사합니다. 이 은혜 잊지 않겠습니다. 교수님의 수업으로 제 시가 더욱 풍부해졌습니다. 다양한 언어로, 다양한 문장으로 더 많은 시 만들어 보겠습니다.

　손남익 교수님, 세상을 바라보는 시각을 넓혀주셔서 감사합니다. 지금까지 옳다고 믿었던 사실을 여러 방면에서 보거나 다른 의견에 대해 생각 할 수 있게 되었습니다. '가령, 예를 들면' ai의 발전에 대해 긍정적인 시각을 가지고 있었는데, 아직은 많이 부족하고 더 발전되더라도 고질적인 문제를 해결할 수 없다는 것을 생각해 보게 되었습니다. '여담으로' 다음 학기 수업도 기대하겠습니다. 이미림 교수님, 교수님 덕분에 소설을 읽을 때마다 다양한 시각으로 읽고 있습니다. 감사합니다.

처음 대학에 와서 극문학을 배울 때가 생각이 납니다. 전주에서 19년을 살면서 세상을 전부 알고 있는 줄 알았습니다. 하지만 아직 20살밖에 되지 않은 나약한 학생이더군요. 그래도 꿈은 포기할 수 없더군요. 오늘을 기점으로 한 발 앞으로 나아가려고 합니다.

전주에 있는 재관이, 올해는 취업하자. 귀재야, 곧 술 한잔하자. 광주에 있을 우찬이, 꼭 성공해서 다시 보자. 순천에서 Rotc하고 있는 재호, 얼굴 보러 꼭 갈게. 군대에 있을 우진이, 휴가 나오면 연락하라고. 승호는 군대 갔다 와서 정신 좀 차리고. 진현이, 다음 책 표지는 가장 믿을 수 있는 진현이한테 맡겨야지. 솔지야, 전주 내려가면 꼭 연락할게. 현종아, 군대에서 고생 많이 해라.

기범이, 대학 와서 같이 기숙사 살면서 즐거웠다. 제대하고 복학하면 롤이나 하자. 승준이, 작년에 그렇게 자퇴한다고 하더니 올해도 같이 다니고 있구나. 우리 마무리 잘해서 졸업하자. 아끼는 동생 찬흠이, 연락처 준 사람 중에 연락이 먼저 온 사람은 너 하나뿐이다. 언제나 고맙게 생각한다. 진희야, 넌 정말 멋있는 사람이야. 본받을 점도 많고, 한편으로는 존경스러워. 끝까지 내 옆에서 배신하지 않고 있는 우리 성빈이. 많이 챙겨주지 못해 미안하고 고맙다. 형이 돈 많이 벌어서 맛있는 거 많이 사줄게. 상우야, 최상우. 형이 출판사 키워놓을게. 너 끝까지 책임져야 하니까. 태호 형, 규상이 형. 고마워요, 언제나. 학교에서 형들 없으면 후배들 학과 생활 안했을지도 몰라요. 그렇게 큰 존재들이었어요. 상기 형, 우리의 '탑'은 끝나지 않습니다. 동기 보정이 누나, 지나, 정은이, 아연이도 꼭 언급해야지. 낙선이 형, 도현이 형, 형들 덕분에 학과 생활 즐겁게 했습니다. 민기 형, 우리 멋있는 학회장 민기 형. 21, 22, 23 중에 형 긴 머리 본 사람이 저 밖에 없더군요. 형이 있기에 저도 학과 생활 즐겁게 할 수 있었습니다. 0029 파이팅! 용현이 형, 저 때문에 고생 많으셨어요. 제 1학년 시작할 때 학회장 하셨을 때 첫 문자, 아직도 잊지 못합니다. 정현이 형, 흘러가는 대화는 세상을 바꿀지도 모르겠네요. 성호, 주현이, 진우, 정종이, 영빈이, 재윤이. 율곡 21의 망명들, 곧 보자고.

마지막으로 대현이 형. 고마워, 전부 다.

모두에게 감사 인사 전하며, 글쟁이가

1. '나'의 존재란

공작

깃털이 예쁘지 아니하면
날갯짓이 아름다워라

너를 그렇게

내 가사 상태 속 무한한 지식들
너를 바라볼 때 모두 빨갛게 빛났고
그 빛들은 너를 빨갛게 바랬지
하지만 이제는 그곳에 큰 울림을 전하려 해

'너라는 빛을 나는 그렇게 바랐지'

바다

파랗게 물들어져 남과 다를 게 없다
너는 그 가식을 벗어 던져라
생각 없이 통곡하는 너를 볼 때
난 조용히 너에게 돌을 던진다
너는 지금 얼마나 많은 시련을 아무렇지 않
게 가지고 가는데...

반쪽짜리 나, 반쪽짜리 너

불안함에서 나오는 완벽함
위태로움에서 나오는 평온함

세상을 바꾼 하찮은 죽음에게

불씨가 꺼진다
하찮은 죽음이라는 것을 드러내듯
옆집 개 짖지도 않는구나
이 맑고 깨끗한 숨 조여 오는 공기는
언제쯤 떠나가리오

천기누설 죄의 대가가
얼마나 무서운가 하니
순간의 작은 행복이
영원의 큰 고통으로 인도하니
이제 어찌해야 하는가

받아들이기에 너무 어리구나
하지만 받아들이거라
순간의 행복을 영원히 기억하면 되니

꿈

무한에서 발산하여
정점에서 수렴하라

사랑해

그 뭐랄까
더 멋진 사람에게 보내는 게 아니라
내가 더 멋있어져 네 옆에 서 있고 싶어

눈에 보이던 좁디좁은 환상이
알고 보니 감당할 수 없는 큰 가치였지만
그 가치는 당연함이 되고
어깨에 올라온 좁쌀과 모래쪼까리에 미쳐
깨진 환상의 파편에
상처를 받을 수도 있겠지

자신을 짓누르는 바위를
휘감는 넝쿨처럼
무식해 보일 수도 있겠지

그런데
너라면
그게 행복이 돼
그래서 이렇게 외치는 거야

담배

혹시 그대에게 미칠까
오늘도 나는 최선도 아닌 차선의 맨 끝이
나지막하게도 보이지 않는 정자 뒤에 숨어서
몰래 거칠고 뿌연 한줌의 숨을 내뱉었죠

그대에게 돌아가는 길
혹여나 거친 공기가 따라 들어올까 걱정되어
돌아가고 돌아가고 돌아갔습니다
그러나 그대는 결국 거친 공기를 마셨고
나에게서 돌아섰죠

그대에게 미치고 싶지만
저는 그대에게 미치지 못해
오늘도 거친 숨만 미치게 내뱉습니다

내 속마음 저 멀리

힘들다 말 한마디
하고 싶어도
'힘들 때 웃는 자가 일류다.'

아프다 말 한마디
뱉고 싶어도
'다들 그렇게 산다.'

슬프다 말 한마디
외치고 싶어도
'너만 힘들어?'

죽고 싶다 말 한마디
목청 터져라 내질러 보고 싶어도
'나이 먹을 만큼 먹었잖아.'

나 위해 울어주는
저 높디높은 하늘에
검게 타들어간 속마음
붉게 태워
목 찢어지는지 모르고
하얗게 내뱉어 봅니다

고백

맑고 투명한 빙산의 일각에
조금만 더 가까이에서 보고 싶어
그 주위를 맴돌다
문뜩 그 속을 보았고
내 욕심인 줄 알지만
그 맑은 향 주위를 맴도는 벌레가 되어
그 뭐랄까
더 멋진 사람에게 보내는 게 아니라
내가 더 멋있어져 네 옆에 서 있고 싶다

2. 기나긴 방황 시작인가, 끝인가

나 버리고 간 친구에게

자웅을 겨루던 그 친구가
가식으로 뒤덮인 모습으로
격한 심정 불러일으킨대도
이 모습 품에 안으리라

그대를 한순간도 잊지 못한

그때의 사소한 말을 기억하시나요?
아침에 눈 떠서 잠들기 전까지 생각나는 사람이 있어요.

아침은 먹었을까
고된 하루 힘이 되어야 하는데
점심은 먹었을까
웃고 있을까, 울고 있을까
저녁은 먹었을까
하루의 마지막이 행복해야 하는데

옆에서 밥 한 끼 먹는 것
그게 평생의 소원입니다.

어리숙한 내가 했던 고백 기억하시나요?
모든 순간에 당신만 생각하고 있다고

적지 못해 떠다니는 문장

떠나간 그대가 혹시나 돌아올까
잠시 기다려 보지만
결국 돌아오지 않는다

쳇바퀴가 하릴없이 돌아가는 속에서도
잊지 않을 것이다
굳게 다짐했다

웃지도 울지도 감정을 느끼지도 생각을 하지도 못하는
톱니바퀴 되어서도
그대 이름 석 자
곱씹으며

사라진 누군가
다시 돌아올지 몰라서
평생 기다려 보련다

어린아이처럼

어린아이처럼 특정을 부려 봅니다
가지고 싶다고
목 놓아 울기까지 합니다
두 팔다리 쭉 뻗고 휙휙 몸이 가는 대로
저어봅니다
이 모습이 너무 웃겨 웃음이 나오려는데
혹시 이 웃음이 방해가 될까
더 크게 울부짖습니다
이 모습이 추하여 왼손은 주머니에 넣고
오른손은 그대에게 뻗고
목소리를 깔아봅니다

이러면 될 줄 알았습니다
그대에게 미치지만 미치지 못해
이 미친 짓을 하면 미칠까
그러면 그때
울음만 그치고 그대 옆에
멋지게 서 있을 줄 알았습니다.

자학

전 오늘 고백하기 위해 글을 씁니다.
주인 된 삶을 살겠다고 호언장담했지만
해가 지나갈수록 수동적인 삶이 되어갑니다.
성인이 된다고 달라질까, 아니겠죠...
고통스럽다고 말하기에는 제 자신이 너무 초라합니다.

좋아하는 사람에게는

글로 쓰기 싫어서
얼굴 맞대고
말로 하고 싶어서

글로 쓰기 싫어서
얼굴 맞대고
웃고 싶어서

글로 쓰기 싫어서
얼굴 맞대고
서로를 더하고 싶어서

글로 쓰기 싫어서
얼굴 맞대고
아픔을 빼고 싶어서

글로 쓰기 싫어서
얼굴 맞대고
행복을 곱하고 싶어서

글로 쓰기 싫어서
얼굴 맞대고
슬픔을 나누고 싶어서

그래서 그래서
그냥 그냥
딱 한 마디 보내본다

죽어가는 불씨를 보며

열심히 살면 다시 볼 수 있을까?
라는 질문에
혼자 "예"라고 답해야
그나마 밥 한술
들어가는 것 같다

입 밖으로 뱉을 수 있는 건
사랑한다
단 한마디 뿐

우리 아니면

눈 밖에는
너 말고 모든 것이
살아 숨 쉬고 있는데

귀 밖에는
너 말고 모든 것이
노래하고 있는데

손 밖에는
너 말고 모든 것이
어루만져지고 있는데

나 밖에는
너 말고 모든 것이
아름다운데

너 밖에는
없는 내가 초라할 뿐인데

공장

공공의 목적이라는 이름 아래에 만들어진
장작은 왜 소수만이 사용하나

3. 결국, 마음과 의지

범인

소원이 있다면

내 옆에 소중한 사람과
아침에 눈을 마주 보며 인사하며
자신이 가장 좋아하는 일을 통해
하루를 보내고
마침표를 다시 소중한 사람과 함께하는

당연한 것으로 보는 세상
이것이 가능한 세상

소소하지만 꿈이라면
왜를 생각해 본다.

나의 존재

소주 한 병에 담배 한가치 피우며
밤하늘을 바라보며
나에게서 잊힌 글들에게
잊혀서 고맙다고
날 떠나 줘서 고맙다고

우연이라기에는 지금의 나를 만들기에 충분했다
앉았다면, 앉았다면, 앉았다면
지금 무엇을 하고 있을까

시간이 쌓이다 문득 뒤를 돌아보면
그때
생각하는 게 무슨 의미인가
결국 뒤를 돌아보며 걷는 거니

내가 언제 글을 썼던가
밤공기가 조용히 불러온 감정이
글자가 되어
그렇게
보였다

빗소리

방충망 사이로
비집고 들어오는
따가운 행복

그래서 웃는다

네 인생 뭐가 그리 웃게 만드는 것이냐
라는 질문에
조용히 웃다가
실패한 인생에서 웃을 수 있는 이유가 무엇이냐
라기에
한마디 했습니다

인생사 소설에 비유해 이야기해 보면
어디서도 고개 떳떳하게 들고 다닐 수 있게 도와주는
등장인물 옆에 있다고
지금도 옆에서 같이 웃고 있다고

편지 한 장

경외한 위인의 발자취가
물에 잠기고
수많은 연인이 즐겼던 산천초목이
불타는 모습에
우리가 무시하는 한낱 금수 따위도
어찌나 슬피 우는데
인간의 정점에서
무감각하다는 것이
그리도 논리적인가
그렇게 무시해야 하는가

"옆을 보라"라는 답변 앞에서

달만 보며 밤을 버티려던
거기 누워있는 그대여
오늘 그 날의 그대를 보기 위해
같은 날짜 같은 시간에
이곳에 왔다.

가만히 하늘을 올려다보니
새벽이 되어
달이 없구나

떠난 동지를 생각했는가
떠오르는 태양을 기다렸는가

거기 누워있는 그대여
죽거나 변하거나
두 선택지가 주어진 우리는
어디를 보아야 하는가

역지사지

상대방이 나를 생각하는 것
밸는다면 이기적이지만
해준다면 고마운 말

동지

보이지 않아도 느낄 수 있다
그 손에 얼마나 많은 피가 묻어 있는지
우리는 느낄 수 있다

밤하늘에 달이 가장 빛나는 이유는
별과 달리
혼자 빛나는 것이 아니라는 것이다

길이 어디에 있나요

빠르게 가려면 혼자 가면 된다
정점에 서서
메아리를 외칠 수 있으니

멀리 가려면 같이 가라
정점에 서서
웃음소리가 끊이지 않을 것이다

원하는 것은

노란색 꽃잎이 다 저물어 갈 때쯤
동자승의 어떻게 꿈을 이루는지에 대한 질문에 노승은 대답했다
자기 눈을 가리고 있는 색안경을 벗는 것이 먼저다
투지를 불태우는 것은 다음이다
쟁취하는 것이 마지막이다

글쟁이

내가 항상 나를 글쟁이라 표현하는 것은
내가 잘나서 그렇다

썩어빠진 기준을 잣대로 가져와서
맞추지 못한다는 이유로
내가 무시 받아야 한다면
무시 받는 것을 환영한다

인간에 관해 이야기한다면서
책걸상에서 헤엄치고 있는 자들에게
40kg 시멘트, 레미탈 포대를 나르는 노가다 꾼 옆에 있는
내가 멋있다

인간이 살아온 삶을 이야기한다면서
숲만 흘겨보고 있는 자들에게
자식을 위해 온몸에 혈관이 다 망가져 무시 받는 어머니들 옆에 있는
내가 아름답다

인간을 예술로 표현하겠다면서
가치를 논하며 전화번호부에서 사람 이름을 지우는 자들에게
사람 입에 들어간다면서 날마다 허리를 구부리는 농부 옆에 있는
내가 자랑스럽다

세상을 논하겠다면서
동호회, 친목회에서 실실 웃고 있는 자들에게
빨갱이 소리 들으면서도 목숨 걸고 투쟁하는 사람들 옆에 있는
내가 존경스럽다

남들에게 무시 받고 일한 돈으로 하루하루 버티며
틈틈이 글이나 끄적이는 삶을 살겠지

난 그 무엇도 될 수 없다
어떠한 사랑도 용납되지 않는다
그 기구한 운명을 스스로 선택했기에
굶주리고 목말라하겠지
세상에 겉돌아 마침표를 찍겠지

'작자 미상' 혹은 '글쟁이'
라는 제목, 한 편의 소설의 마침표에서
정말 '글', 일부인 것 같은 전부인 인생을 살았다는 것을 알아줄
다음 글쟁이에게
떳떳하기 위해
펜 끝의 삶과 펜 속의 삶을 나는 오늘도 고민한다

오늘은 며칠일까

  시끄럽게도 울리는 알람 소리에 눈을 뜬다. '5분만 더...' 하나의 기계 부품처럼 일하기 위해 일어나라는 꾸중 같은 소리. 하늘도 무심하다. 내가 이 일을 왜 해야 하는가? 무엇이 나를 이 길로 이끌었는가? 내가 선택한 길이... 아니다. 나에게도 꿈이 있었다. 아니, 있다. 배를 타고 전 세계를 항해하는 항해사. 탁 뜨인 바다를 보며 사색에 잠기는 것, 누가 시켜서가 아닌 스스로가 원해서 움직이는 바다를 보며 인생에서 단 하루를 특별하게 보내기 위해 내 배에 올라탄 한 편의 소설들을 일기장에 적는 것, 그것이 평생의 소원이다.

  먹고 살아야 한다는 이유 하나로 오늘도 공장으로 가는 통근 버스를 타러 간다. 얇아 보이는 유리창 단 한 장이 세상을 달리 보이게 한다. 빛바래고 오래되어 약간 불투명한 유리 한 장이. 이 유리창이 깨진다면 나도 밖에 있는 사람들과 같은 하늘을 볼 수 있을까? 맑은 공기를 마실 수 있을까? 이 유리창이 깨진다면... 파편에 상처가 나겠지. 부질없는 생각이다. 유리 조각이 박힌 살점에서는 피가, 눈에서는 눈물이...

삑, 삑, 삑, 삑... 누가 시킨 것도 아닌데 박자를 맞춰 물건이 나오고 검사를 한다. 조금이라도 흐트러지면 안 된다. 누가 시킨 것처럼.

부족해도 감사한 마음으로 점심시간을 보낸다. 밥이 공짜다. 선택할 수 없지만 먹을 수 있다는 것이 어디인가.

저녁 8시. 잔업을 끝내고 퇴근한다. 통근버스를 타고서.
시끄럽게도 울리는 알람 소리에 눈을 뜬다. 남들도 다 하는 사는 인생 왜 너는 불평하고 있냐고 불만이 있으면 자신에게 어떤 문제점이 있는지 생각해 보고 고치라는 꾸중 같은 소리.

닫는 말: 하필 글쟁이라서...

그저 글을 쓰고 싶었습니다. 지금 느끼는 감정에 취해 썼던 모든 문장이 그렇게 원하는 미래입니다. 그 감정을 누가 읽을까. 다만, 몇 명밖에 모르는, 어디서 태어나서 어디서 죽을지 모르는, 선생님의 수업이 좋아 문장 하나 제대로 이해하지 못하면서 책을 읽고 펜을 잡아 글을 쓰기 시작했던 한 중학생의 꿈이 기록되기를 소망합니다.

'세상 모든 명언집과 베스트셀러를 합쳐 보아도 평범한 사람의 무의식에서 뱉어진 한 마디가 더 가치 있음을 이야기하고 싶다.'
처음 학과를 선택했을 때도, 글을 쓰기 시작했을 때도, 출판사를 시작했을 때도, 직업이자 인생을 정할 때도 이유는 이것이었습니다. 감정에서 나오는 표현, 그것이 문학이라고 생각하고 그런 문학을 남기고 싶었습니다.

나이는 어리지만 여러 경험을 했다고 생각합니다. 가장 빛난다고 생각이 되는 것에, 행복하다는 감정을 느끼는 것에, 눈을 감는 순간 후회 없다고 생각되는 일에 시간을 쓰는 것, 그것이 옳다고 생각합니다. 저한테 맞는 일은 사랑하고, 기록하는 것이더군요.
강물이 어디서 시작되었고, 어디서 끝나는지 아무도 모릅니다. 다만, 지금 이곳을 지나고 있다는 것은 알 수 있죠. 지나가는 길, 좋은 추억으로 남기를 바랍니다.